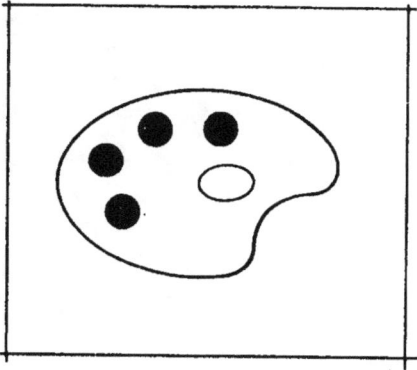

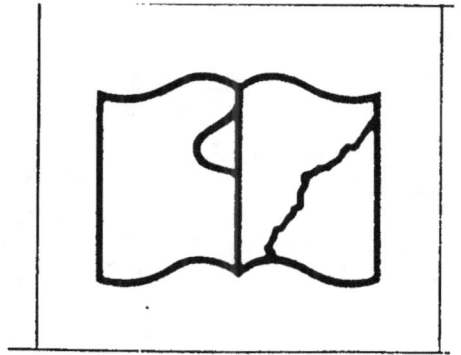

UN
BALLET AGENAIS

AU COMMENCEMENT DU XVII⁰ SIÈCLE

PAR

PHILIPPE LAUZUN

AGEN

TYPOGRAPHIE FERNAND LAMY

4), RUE SAINT-ANTOINE, 4)

—

MDCCCLXXIX

UN BALLET

AGENAIS

UN

BALLET AGENAIS

AU COMMENCEMENT DU XVII⁰ SIÈCLE

PAR

PHILIPPE LAUZUN

AGEN

TYPOGRAPHIE FERNAND LAMY

43, RUE SAINT-ANTOINE, 43

MDCCCLXXIX

UN

BALLET AGENAIS

AU COMMENCEMENT DU XVII° SIÈCLE.

ORSQUE l'on parcourt les
précieux volumes d'Inventaires-
Sommaires des Archives départementales et municipales de
la France antérieures à 1790, admirable
collection due à l'intelligente initiative du
dernier gouvernement impérial et créée
par décret du 22 juillet 1853 (1), on est
étonné des nombreuses fêtes et réjouissances publiques qui y sont relatées

---

(1) Voir le remarquable *Rapport à Sa Majesté l'Em-
pereur*, du 3 août 1862, imprimé en tête de la première
édition de l'*Inventaire sommaire des Archives départemen-*

presque à chaque page, à tout instant
et en tous lieux. Ce fait est surtout
frappant dans les Inventaires des Archives
du Sud-Ouest de la France, et notamment
dans celui des Archives départementales
et municipales du Lot-et-Garonne. Il nous
prouve une fois de plus combien la gaieté
est le fonds principal du caractère français,
et combien notre pays a toujours été avide
de ce genre d'émotions saines et bruyantes.
A ceux donc, qui, imbus d'un parti-pris
regrettable contre les siècles passés, nous
les représentent sans cesse, avec la même
monotonie, comme des époques d'oppres-
sion et de tyrannie, où le peuple, courbé
sous le poids des corvées et des vexations
de toutes sortes, semble être condamné à
une tristesse éternelle, nous répondrons
qu'il résulte du simple examen de ces
vieilles relations de nos pères, que cette
gaieté gauloise se manifestait jadis à la

---

tales de Lot-et-Garonne (1863), et dont nous regrettons
vivement la suppression dans la nouvelle édition de 1879,
seule livrée au public.

moindre occasion, bien autrement franche que de nos jours, et qu'elle n'avait besoin ni d'ordres officiels, ni d'affiches de commande, pour éclater en plein soleil dans toute sa naïve sincérité.

Nous avons déjà donné, en 1875 (2), la relation d'une grande fête populaire, qui fut magnifiquement célébrée à Agen en 1651, à l'occasion de la nomination du prince de Condé comme gouverneur de la province de Guyenne, et qui dura plus de dix jours consécutifs. Nous pourrions en indiquer bien d'autres du même genre, dont les détails nous sont transmis par le Journal des Consuls ou les Cahiers de la Jurade. Nous nous contentons aujourd'hui de reproduire le récit d'un Ballet ou Divertissement pastoral, qui fut représenté au commencement du XVIIᵉ siècle, dans un milieu plus aristocratique, soit à Agen, soit dans un château des environs, et dont

---

(2) *Une Fête et une Émeute à Agen pendant ᵗ; Fronde. Revue de l'Agenais* (Avril et Mai 1875).

les familles les plus nobles du pays firent
tous les frais.

C'est tout-à-fait par hasard, en feuille-
tant un vieux manuscrit inédit de M. J.-F.
de Saint-Amans, intitulé *Notice sur l'ancien
Agenais*, manuscrit dont l'auteur s'est servi
plus tard pour écrire son *Essai statistique*,
son *Coup d'œil sur le Département de Lot-et-
Garonne*, et autres publications analogues,
que nous avons découvert dans une note, à
propos de l'enfant naturel né du commerce
de la reine Marguerite et de son écuyer
Aubiac, la mention de ce divertissement
pastoral ainsi que la reproduction de ses
diverses entrées. Malheureusement l'auteur
de ce travail, qui semble avoir copié cette
note soit sur un autre manuscrit, soit plutôt
sur une relation imprimée, aujourd'hui dis-
parue, n'indique pas à quelle époque pré-
cise ce ballet fut dansé. Il se contente de
dire « *qu'elle a été tirée d'une production
poétique, imprimée à Agen, il y a plus de
deux siècles.* » Or, M. de Saint-Amans
écrivait ces lignes au plus tard dans les

vingt premières années de ce siècle (3). C'est donc tout-à-fait au commencement du xvii° siècle qu'il fait remonter la date de ce divertissement agenais.

(3) Jean-Florimond Boudon de Saint-Amans naquit le 24 juin 1748. Il embrassa de bonne heure la carrière militaire. Sous-lieutenant au régiment de Vermandois-Infanterie, il fit comme tel la campagne d'Amérique, pendant laquelle il contracta le goût des sciences naturelles. Il ne tarda pas à donner sa démission, et il vint se retirer à Agen où il ne s'occupa plus, pendant le reste de sa vie, que d'études scientifiques, historiques et littéraires. Membre fondateur de la Société d'Agriculture, Sciences et Arts d'Agen, en 1776, il prit, dès la première année, une part des plus actives à ses travaux; il y lut, jusqu'à la Révolution, une très grande quantité de Mémoires, dont le premier volume du *Recueil*, aujourd'hui fort rare, nous a conservé les titres. Il fut l'un des organisateurs du département de Lot-et-Garonne. La Révolution empêcha que la négociation qui tendait à le faire nommer sous-gouverneur du Dauphin aboutît: la curieuse correspondance qui en fait foi se trouvait, il y a quelques temps encore, aux archives du château de Saint-Amans.

Monsieur de Saint-Amans avait épousé, le 9 février 1773, demoiselle Marie-Gertrude de Guilhem de Lallié. Mort à Agen en 1831; il est l'auteur d'un grand nombre d'ouvrages dont quelques-uns sont devenus introuvables, et dont les plus recherchés sont encore : l'*Histoire du Département de Lot-et-Garonne*, composée avec les manuscrits d'Argenton et de Labrunie, et publiée seulement après sa mort, en 1836, par son fils, Casimir de Saint-Amans; la *Flore Agenaise*, le *Voyage dans les Landes*, le *Voyage dans les Pyrénées*, etc., etc.

A la première lecture de ces vers, si élégamment tournés et si correctement français, il nous a semblé que l'auteur du manuscrit leur attribuait une date beaucoup trop reculée. L'influence de Segrais qui vivait de 1624 à 1701, de Madame Deshoulières (1638-1694) et surtout celle de Benserade (1612-1691), dont la spécialité fut précisément de composer des vers du même genre pour les ballets et rondeaux de la Cour de Louis XIV, se faisait trop sentir pour ne pas leur assigner une date contemporaine des productions de tous ces beaux esprits. Cependant en nous rappelant que le règne d'Henri IV fut l'époque la plus florissante des ballets de Cour, en rapprochant nos vers de tous ceux parus à cette heure où, grâce à Malherbe, la langue s'épurait chaque jour, en les comparant aux œuvres poétiques de ce grand chef de notre littérature classique(4),

(4) *Malherbe*, né en 1555, mort en 1628. (Edition Jeannet; voir notamment le *Récit d'un berger au ballet de Madame*, page 146).

à celles de Théophile de Viaud , notre compatriote (5), de Racan (6) et des poètes des premières années du xviie siècle, en nous souvenant enfin que le Cid, ce chef-d'œuvre de Corneille, parut dès l'année 1636, nous nous sommes incliné devant l'assertion formelle de M. de Saint-Amans, qui du reste devait avoir sous les yeux . la date exacte de cette production. Enfin une dernière raison, et celle-là absolument probante, a fini de nous convaincre : nous voulons parler des recherches généalogiques que nous avons faites sur les huit personnes qui ont figuré dans ce ballet. Leur nom seul de famille, indiqué par l'auteur, ne pouvait nous suffire. De longues et laborieuses études nous ont permis, croyons-nous, de déterminer très-approximativement l'âge de chacun des danseurs,

---

(5) *Théophile de Viaud* (1590-1626). Voir édition Jeannet, tome I, pages 274 et suivantes, et tome II, p. 79, pour le *Ballet du Roy.*

6) *Racan* (1589-1670). Voir édition Jeannet, ses *Bergeries,* notamment au tome I, pages 232 et suivantes.

et même de retrouver entre eux, chose assez curieuse, des liens d'alliance ou de parenté fort étroits, mais à la condition de ne pas nous éloigner des dix premières années du XVII⁰ siècle. Nous n'hésitons donc pas à déclarer que M. de Saint-Amans a eu raison quand il a fait remonter la date de ce ballet *« à plus de deux siècles.* » Nous serons même plus précis; nous la fixerons dans un espace de temps qui peut varier seulement de cinq à six ans, vers l'année 1605.

— Le titre de ce divertissement pastoral est celui-ci : *Troupe de Bergers et de Bergères :* et au-dessous ce seul mot : *Momon.*

Voici comment les frères Parfait, dans leur remarquable *Histoire du Théâtre français depuis son origine jusqu'à présent,* définissent ce mot de Momon : « Scène où le masque joue un rôle; espèce de Pantomime masquée; ballet débité et dansé. » Dans son *Dictionnaire Général des Lettres, des Beaux-Arts et des Sciences politiques,* Bachelet le définit également :

« Vieux mot qui signifie Mascarade et Ballet. » Le mot Momon, mot patois plutôt que français, était surtout usité dans le Midi. Il est écrit dans presque tous les auteurs du xvie siècle, et il reste en usage jusque vers 1628, époque à laquelle nous le retrouvons dans le titre du *Ballet des Andouilles portées en guise de « Momon »* « et dont la licence frise l'obscénité (7). » Mais il disparaît bientôt pour faire place aux mots de *Pantomime, Mascarade, Pastorale, Bergerie, Ballet.* Le Momon est donc une récréation facétieuse et grotesque d'abord, qui devient mythologique vers la fin du xvie siècle, et enfin pastorale dès les dernières années du règne d'Henri IV. C'est le cas de notre divertissement. Mais avant d'en donner le texte, résumons rapidement quelles furent en France, aux

---

(7) Voir l'ouvrage très remarquable de M. Gustave Chouquet : « *Histoire de la Musique Dramatique et France depuis ses origines jusqu'à nos jours.* » Paris ; Didot. In-8°, 1873.

xvi⁰ et xvii⁰ siècles, les diverses phases de la Comédie pastorale et du Ballet.

— Ce fut seulement sous le règne des derniers Valois que le ballet, tel au moins que nous l'entendons de nos jours, c'est-à-dire « une représentation dramatique où se combinent à la fois la danse, la pantomime et la musique (8), » fut définitivement importé d'Italie à la cour de France. Il existait cependant bien avant cette époque des divertissements chorégraphiques et musicaux, qui, au dire des vieux chroniqueurs, faisaient les délices de nos rois : c'est ainsi que dans sa chronique, Juvénal des Ursins parle d'une magnifique *Momerie* qui fut représentée le 29 janvier 1392 à l'hôtel de la reine Blanche, au faubourg Saint-Marcel, à l'occasion du mariage d'un chevalier de Vermandois avec une demoiselle de la reine Isabeau de Bavière (9). Pendant tout le xv⁰

(8) Vapereau : *Dictionnaire Universel des Littératures.*
(9) Gustave Chouquet : *Histoire de la Musique Dramatique*, Chapitre IV.

siècle, on représenta des farces sembla-
bles, d'un genre généralement grossier et
souvent même obscène. Sous Louis XII
et François Iᵉʳ, le ballet de Cour prit un
certain caractère d'élégance chevaleresque
et même de dignité. Mais ce ne fut que
sous Charles IX et même sous Henri III,
que, grâce à l'influence italienne et aux
efforts de Catherine de Médicis, le ballet
devint la distraction favorite des grands et
de la Cour. La comédie pastorale, d'origine également tout italienne, qui eut une
si grande vogue dans la péninsule pendant
tout le xvıᵉ siècle, enfanta le ballet. En
France, la troupe de jeunes poètes, qu'on
surnomma La Pléïade, Ronsard, Baïf,
Jodelle, s'inspirèrent de l'idée nouvelle,
et, détronant les confrères de la Passion
et avec eux les vieux Mystères, composè-
rent des comédies imitées de nos voisins:
bien plus, comme dans la Cléopâtre de
Jodelle, où l'auteur joua lui-même le rôle
de Cléopâtre (1552), ils ne dédaignèrent
pas de monter sur les planches et de

représenter en personne leurs ouvrages.

Le règne d'Henri III fut le règne par excellence des Mascarades, Sarabandes, Ballets, etc. , spectacles improvisés , qui, chaque soir, étaient représentés dans les grandes salles du Louvre. Parmi ceux dont la description nous a été transmise, citons le fameux *Ballet Comique de la Reine*, qui eut lieu le 15 octobre 1581, à propos des noces du duc de Joyeuse, et le *Ballet de Circé*, auquel la reine elle-même prit part, déguisée en naïade et entourée de ses dames et demoiselles d'honneur en costumes de nymphes et de syrènes. Ces deux ballets furent les premiers , croyons-nous , où l'action fut mimée en même temps que dansée. Ils inaugurèrent en France le véritable genre du ballet. « La danse, qui ne représentait jusque-là qu'elle-même , devint dès lors la traduction d'une action dramatique. La musique la mit en communication d'idées avec le spectateur, et, sans le secours des paroles, l'artiste se proposa de faire passer dans l'esprit des masses les passions qu'il paraissait ressentir (10). »

C'est à foison qu'on recueille, pendant le règne d'Henri IV, les innombrables descriptions des ballets qui furent représentés à la Cour, tous du genre héroïque et mythologique. Citons au hasard les ballets des *Chevaliers français et béarnais* en 1592, *de la Mariée* et *des Saisons* en 1602, des *Coqs*, des *Oublieux*, des *Echecs*, etc. Henri IV aimait passionnément ce genre de divertissement qui le délassait des nombreux soucis de la politique, et, s'il n'y remplissait aucun rôle, il s'empressait à la fin de l'action de se joindre aux acteurs et d'ouvrir lui-même le bal. En général, les dames ne prenaient aucune part à l'action mimée; mais elles paraissaient cependant sur la scène, comme nous venons de le voir dans le Ballet de Circé; et, si elles ne débitaient aucune parole, elles se montraient costumées et presque

---

(10) *Histoire Universelle du Théâtre*, par Alphonse Royer. Paris, 4 vol. in-8°. Franck, 1870.

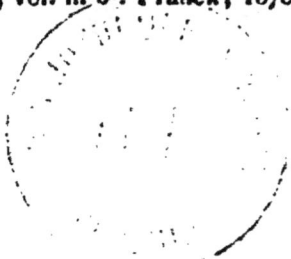

2

toujours masquées, chantaient quelquefois et dansaient toutes les figures du ballet. C'est ainsi que Mademoiselle de Scudéry nous décrit tout au long le *Ballet d'Arion*, sous Henri IV, « dans lequel Angélique Paulet faisait le rôle d'Arion, et, montée sur un Dauphin, au milieu d'une mer orageuse, ravit toute la Cour par l'étendue et la douceur de sa voix et par le charme de toute sa personne (11). » C'est ainsi également que, quelques années plus tard et dès 1612, nous voyons au grand *Bal de la Reine Marguerite*, donné pour l'arrivée à Paris du duc de Pastrana, ambassadeur d'Espagne, le jeune roi Louis XIII danser le premier branle avec Madame. En 1617, dans le fameux ballet de la *Délivrance de Renaud*, dont Guédron a composé la musique, le Roi en personne joue, masqué, le rôle de Renaud, alors que celui d'Armide est tenu par le comédien Marais.

---

(11) Cousin : La *Société Française au dix-septième siècle,* tome II, chapitre XVI.

Nous n'en finirions pas, si nous voulions énumérer tous les ballets qui furent dansés sous le règne de Louis XIII et dont tous les programmes nous ont été conservés. Disons seulement que l'affluence, les soirs de représentation, était tellement énorme à la Cour, qu'il fallut bientôt restreindre les invitations, et que, pour entrer au Louvre, il devint nécessaire pour les plus grands Seigneurs d'exhiber une carte personnelle (12). Anne d'Autriche elle-même prenait une part très active à ce genre de récréations; ce fut sous son influence, que de mythologique le sujet du ballet devint presque exclusivement pastoral. Avec elle figuraient les plus belles princesses de la Cour, toutes rivalisant de luxe et d'élégance. La mode vint alors aux Bergeries renouvelées de Guarini l'Italien. Les poètes de l'époque se mirent à l'œuvre, adoptant, avec une incroyable fécondité,

---

(12) Voir G. Chouquet, Alph. Royer, Victor Fournel, etc.

le genre fade et langoureux. Racan écrivit
son Arténice, Honoré d'Urfé son Astrée,
Mairet sa Sylvie ; et bientôt on n'entendit
plus parler que de bergers et de bergères,
de houlettes et de moutons. C'est le temps
où Alcidor, Daphnis, Lysidas, Damon,
Sylvandre brûlent d'amour pour les Sylvie,
les Ydalie, les Philis, les Climène et les
Amaryllis; où les bosquets et les ombrages
deviennent en faveur ; où les collations à
l'Italienne et les sérénades à l'Espagnole
s'improvisent sur les gazons ; où partout
l'on devise d'amour et de beaux sentiments ;
— époque fortunée en somme, qui se
prolongea jusqu'à la Fronde, et que Châ-
teaubriand a si plaisamment appelée : « le
siècle de Louis XIV encore au pâturage. »

— Si les ballets de Cour n'eurent, dès
les débuts, aucune règle fixe, si l'unité
de temps et d'action ne fut jamais observée,
si les auteurs se contentèrent de choisir le
premier sujet venu, mythologique ou pastoral, pourvu qu'il offrit un champ libre et

spacieux au luxe des acteurs, à la richesse de la mise en scène, à la variété et à l'élégance des costumes, il arriva un moment cependant où les principaux organisateurs de ces réjouissances adoptèrent certaines règles qui s'imposèrent désormais. M. Victor Fournel, dans ses *Contemporains de Molière*, est le premier, croyons-nous, qui ait signalé ces quelques règles générales présidant à la composition des ballets. D'après lui, et dès les commencements du xviie siècle, les ballets de Cour se composaient de trois parties : les *Entrées*, les *Vers* et les *Récits* :

« Les *Entrées*, qui constituaient le fonds même du ballet, étaient muettes. On voyait s'avancer sur le théâtre un certain nombre de personnages qui figuraient par leurs physionomies, leurs costumes, leurs gestes, leurs danses, une action formant une sorte de petit drame comique ou sérieux. » Les parties étaient les actes ; les entrées étaient ce qu'on a appelé de nos jours les scènes. Il n'y avait jamais plus de

cinq parties, tandis que le nombre des entrées variait indéfiniment.

 « Au programme, ajoute M. Victor
Fournel, on joignait des *Vers* à la louange
des personnes chargées de jouer les principaux rôles, vers qui n'entraient pas dans
l'action, et n'étaient point destinés à être
dits ou chantés sur la scène, mais seulement
à être lus par les spectateurs. » Souvent
même il existait un *récitant* qui se tenait sur
le devant de la scène et qui à chaque
entrée lisait au public des vers se rappor-
tant au personnage. C'est ainsi qu'au grand
ballet des Saisons, qui fut représenté à
Fontainebleau en 1661 et où jouait Mademoiselle de La Vallière, alors dans tout
l'éclat de la jeunesse et de la beauté,
lorsque la célèbre Hortense Mancini, qui
n'avait que quinze ans, fit son entrée, on
lut à son adresse les vers suivants :

  Cette petite Muse, en charmes, en attraits,
   N'est à pas une inférieure;
    Aussi pas une jamais
N'eut l'esprit et le sein formés de si bonne heure.

Cet usage, d'ailleurs, existait depuis fort longtemps ; car dans le Ballet de la Délivrance de Renaud, qui fut dansé par Louis XIII le 29 janvier 1617 et dont les plus grands détails nous ont été transmis, nous lisons dans M. G. Chouquet (13) que Durand fut l'auteur du scenario, « qu'il lutta de verve et d'élégance ingénieuse avec Bordier, dans la composition des vers particuliers que le Roi et les Seigneurs de sa suite remirent aux Dames sur le personnage que chacun d'eux avait représenté aux entrées. »

« Ces petites pièces de vers, ajoute l'auteur, qu'on s'amusait à lire pendant qu'on dansait le grand bal, n'étaient pas le moindre attrait de la soirée ; ces traits d'esprit tenaient lieu de feu d'artifice et donnaient à la fin de la représentation l'éclat de l'apothéose éblouissante qui termine nos mo-

---

(13) G. Chouquet : *Histoire de la Musique Dramatique*, chapitre V.

dernes féeries, mais un éclat intellectuel et durable. »

Enfin venaient les *Récits*, qui étaient « des morceaux débités ou chantés à l'ouverture du ballet et de chacune de ses parties par des personnes qui n'y dansaient pas, et qui devaient régulièrement se rapporter au sujet de l'action, dont ils formaient une espèce de prologue explicatif. C'était le plus souvent des comédiens que l'on chargeait de ce rôle, et le récit avait lieu presque toujours en musique. » Le tout se terminait par des danses générales (14).

---

(14) Les principales danses étaient alors :

Le Menuet, originaire du Poitou, qui était la danse la plus usitée. La mesure en était à trois temps. Il se composait de quatre pas qui n'en étaient qu'un par leur liaison. Ce pas avait trois mouvements et un pas marché sur la pointe du pied. Les *Menuets* les plus célèbres et fort goûtés encore de nos jours, sont ceux de Beethoven, de Mozart, d'Haydn, de Boccherini, etc., etc.

La Pavane, sorte de danse grave et sérieuse qui venait d'Espagne et ainsi appelée « parce que les figurants faisaient en se regardant une espèce de roue à la manière des paons. » Thoinet Arbeau, dans son *Orchésographie*, nous apprend qu'elle se dansait par mesure binaire, en marchant d'abord, puis en démarchant. Les gentilshom-

Ce sont seulement les *Vers* explicatifs, à la louange des personnages du ballet, que nous avons pu retrouver. Le sujet du ballet, l'explication des danses ne sont, pas plus

---

mes la dansaient avec la cape et l'épée, les gens de justice avec leurs longues robes, les princes avec leurs grands manteaux et les dames avec les queues de leurs robes abaissées et traînantes. Elle cessa d'être à la mode au milieu du XVIIe siècle.

La Chacone, danse venue d'Italie, fort à la mode au XVIe siècle, dont la mesure était bien marquée et dont le pas se composait d'un mouvement sauté et de deux pas marchés sur la pointe. La beauté de *la Chacone* consistait, paraît-il, à varier tellement les couplets, qu'ils réveillaient continuellement l'attention de l'auditeur.

La Gaillarde, dont l'air était à trois temps. « Le *pas de Gaillarde* était un pas composé d'un pas assemblé, d'un pas marché et d'un pas tombé. » Il se faisait en avant et de côté. Venue d'Italie, cette danse s'exécutait tantôt à terre, tantôt en cabriolant.

Le Passepied, plus vif que *le Menuet*, originaire de Bretagne, et dont la mesure triple se battait à un temps.

La Courante, espèce de danse grave, composée d'un temps, d'un pas, d'un balancement et d'un coupé; on la dansait à deux.

La Sarabande, fort à la mode au XVIe siècle, ainsi que *la Courante* venait d'Espagne et se dansait avec des castagnettes. L'air était à trois temps et demandait à être exécuté avec énergie et rapidité.

La Gigue, danse sur un air d'un mouvement assez gai; on l'employait beaucoup dans les opéras.

Etc., etc.

que la date, indiqués dans la note du manuscrit de M. de Saint-Amans. Il est probable que ces vers furent imprimés à Agen, pour le soir de la représentation, sur une feuille volante, en guise de programme, et que c'est une de ces pages, aujourd'hui envolée, que M. de Saint-Amans aura simplement reproduite. Quoiqu'il en soit, ces vers prouvent que l'Agenais ne resta pas en arrière du mouvement artistique et mondain venu de la Cour, et que le ballet qui y fut dansé, probablement dans un des plus élégants salons de la ville ou d'un château voisin, peut être regardé comme un brillant reflet des ballets du Louvre. La danse était en effet devenue, dès cette époque, une des parties les plus essentielles de l'éducation, et tous les Mémoires du temps nous apprennent qu'il n'existait pas de réunion, non seulement à Paris, mais partout, en province, dans les villes comme dans les châteaux, où cet exercice ne fut très vivement apprécié tant par la noblesse que par la bourgeoisie. Chacun, depuis le

Roi jusqu'au plus petit commis du Parlement, depuis le fastueux Bassompierre, ordonnateur habituel des fêtes royales, jusqu'au grave Sully, qui était fanatique pour la danse, se faisait une loi d'élégance et de bon ton de prendre une part active à ces divertissements. Rien d'étonnant par suite à ce que la haute société agenaise, représentée, comme nous allons le voir, par les plus grands noms du pays, ait dès les débuts importé cette mode chez elle et qu'elle ait tenu, par la voie de l'impression, à perpétuer le souvenir d'une fête, qui dût être pleine d'éclat, et qui, très probablement, fut une des premières de ce genre donnée dans notre pays.

Nous copions *in extenso* le texte de ces vers, tel que nous l'avons trouvé dans le manuscrit de M. de Saint - Amans, qui, sans doute en le transcrivant, aura donné à plus d'un mot une orthographe moderne qu'il ne devait pas avoir dans le texte original. Nous faisons suivre en même temps le nom de chacun des danseurs de notes généalogiques, embrassant environ trois ou quatre générations, et où les descendants de ces familles, dont quelques-unes existent encore, pourront trouver sur leurs ancêtres des renseignements pour la plupart inédits. On verra ainsi comment nous sommes arrivé à préciser non seulement quelle fut la date de ce divertissement, mais aussi quels en furent les véritables acteurs.

TROUPE

DE

BERGERS & DE BERGÈRES

MOMON.

MADEMOISELLE DE MARIN (1)

sous le nom de SYLVIE.

« *Je suis cette illustre Sylvie*
« *Qui donne la mort ou la vie,*
« *Qui charme tous les étrangers;*
« *Et je fais avouer sans peine*
« *Que les bergères de la Seine*
« *Le cèdent à celles du Gers.* »

MADAME DE BRIMON (2)
sous le nom de Phllis.

∘∘

« *Si par mes deux regards un cœur est enflammé,*
    « *Sans faire nulle résistance,*
    « *Il ne se sent pas moins charmé*
    « *Par l'adjustesse de ma danse.*
    « *Vous voulez bien le confesser,*
« *Votre fortune, amants, n'aurait pas de pareille*
    « *Si j'avais aussi bonne oreille*
    « *Pour vos douceurs que pour danser.* »

MADAME DE TEYRAC (3)
sous le nom de Doris.

∘∘

« *Mon sort ne m'est-il pas contraire,*
    « *Et n'est-ce pas pour enrager,*
    « *Je suis une jeune bergère*
    « *Qui suis deux ans sans mon berger.* »

MADEMOISELLE DE LANDAS (4)
sous le nom d'AMARILLIS.

« *On voit deſſus mon teint le vif éclat des roſes,*

« *Lorſque, nouvellement écloſes,*

« *Elles ſortent de leurs boutons ;*

« *Et je fairais bien d'autres choſes,*

« *Mieux que de garder des moutons.* »

MONSIEUR D'AUBIAC (5)
sous le nom de LISIS.

« *Je ſuis blondin, jeune, bien né ;*

« *J'ai tous les ſentiments qu'ont les plus belles âmes;*

« *Et j'ai quitté pour vous, Meſdames,*

« *La garde d'un troupeau que l'on m'avait donné.* »

MONSIEUR DE SAMAZAN (6)
sous le nom de DAMON.

••

« J'aimerais *affez* nos hameaux
« Qui *font* des plus *fameux* de *toute* la *province*;
« Mais il me *faut* quitter la garde des *troupeaux*,
« Pour veiller à celle du prince. »

MONSIEUR DE SAINTE-COLOMBE (7)
sous le nom de SYLVANDRE.

••

« Je *fuis* brun, grand air, bonne grâce;
« Parmi *tous* les mieux *faits*, je *tiens* le premier rang;
« Et *fuis forti* d'un *fi* beau *fang*,
« Que je ne puis aimer que celles de ma race. »

MONSIEUR DE NORT (8)
sous le nom d'HYLAS.

Aux Dames étrangères.

« *Mesdames, quand vous n'auriez pas*
« *Tous ces charmes et ces appas*
« *Dont vous réduisez les plus braves,*
« *Je vous jure qu'en vérité*
« *Les charmes de la nouveauté*
« *Me rendraient un de vos esclaves.* »

FIN

DOCUMENTS GÉNÉALOGIQUES

1. MADEMOISELLE DE MARIN.

De la maison des Du Bouzet, une des plus illustres de la Gascogne(1). Celle qui dans ce ballet prit le nom de Sylvie, devait être *Marguerite du Bouzet,* fille de Michel du Bouzet, seigneur de Marin, de Roquepine et de Sainte-Colombe, et de Marguerite de Bezin. Cette branche des Du Bouzet, marquis de Marin, fut la plus célèbre de toutes et la plus riche en hommes de guerre. Son chef, Arnaud du Bouzet, seigneur de Marin, co-seigneur de Roquepine et de Sainte-Colombe, eut la terre de Marin par son mariage avec Marie de Loze, qui la lui apporta le 24 avril 1528. De ce mariage naquirent six enfants : 1º Michel, 2º Pons, 3º Catherine, 4º Francoise, 5º Sobirane, 6º Agnès.

1º Michel de Marin fut successivement capitaine de deux cents hommes de pied, lieutenant d'une

_____

(1) Voir le tome I. des *Maisons de Gascogne,* par J. Noulens.

compagnie de gendarmes, chevalier de l'ordre du roi, conseiller et premier maître d'hôtel de la reine Marguerite, d'abord à la Cour de Nérac, puis au château d'Usson. Le 8 mars 1554, Michel du Bouzet recueillit l'héritage de son père, et le 8 avril 1558 celui de sa mère. Il fut un des serviteurs les plus fidèles de la cause royaliste, et, en cette qualité, prit part à toutes les guerres religieuses qui désolèrent la Gascogne. Michel du Bouzet se maria trois fois : 1° avec Madeleine de Faudoas, le 10 août 1556 ; 2° avec Marguerite de Bezin, le 4 décembre 1572 ; 3° avec Anne de Biran, le 17 juin 1591. Cette dernière union seule ne lui donna pas d'enfants. De son mariage avec Madeleine de Faudoas, il eut deux enfants :

1° Un fils, Jean, né vers 1558, chevalier, seigneur de Marin, de Roquepine, de Lamontjoye, qui devint, le 24 mars 1610, par la mort de son demi-frère Jean, seigneur de Sainte-Colombe, et qui testa le 17 décembre 1612, après avoir épousé le 11 décembre 1600, Marthe de Lart de Galard, fille de Joseph de Lart de Galard, seigneur de Birac et d'Aubiac, et dont il eut six enfants : 1° Michel, né vers 1602, qui plus tard, sous le nom de Monsieur de Marin, illustra sa race en combattant dans toutes les guerres de l'époque et notamment en luttant pendant la Fronde contre le prince de Condé. Il devint lieutenant-général des armées du roi, et termina sa carrière gouverneur du Château-Trompette à Bordeaux ; 2° Francois ; 3° Charles, marié en 1639 avec Paule de Barbotan, qui continua la race ; 4° Pierre ; 5° Charles, seigneur de Sainte-Colombe, mort en 1652 ; 6° Anne, née vers 1610.

2° Une fille, Anne, mariée le 23 septembre 1589 avec François, seigneur de Malvin.

De son mariage avec Marguerite de Bezin, Michel du Bouzet eut cinq enfants :

1° Charles, qui entra dans les ordres ;

2° *Jean, écuyer, seigneur de Sainte-Colombe,* que nous allons retrouver bientôt, sous le nom de Monsieur de Sainte-Colombe, dans le ballet en question ;

3° François, dont la destinée est inconnue ;

4° Bernard, qui épousa Guiraute de La Roche, mort avant 1632 ;

5° Et enfin *Marguerite,* qui épousa Jonathas, seigneur de Pechdone. Née de 1580 à 1584, Marguerite devait avoir de vingt à vingt-cinq ans en 1605, époque à laquelle le ballet fut représenté. De plus elle se trouve être la sœur de Jean du Bouzet, connu sous le nom de Monsieur de Sainte-Colombe, qui prit part au divertissement. Enfin elle est la seule demoiselle de Marin existant à cette époque, sa demi-sœur Anne étant déjà mariée depuis 1589. Il est donc à peu près certain que ce fut elle qui figura au ballet.

2. MADAME DE BRIMON.

—

De la famille des De Las, seigneurs d'Espalais, de la Mothe-Mazères, juridiction du Port-Sainte-Marie; de Lacépède, de Laroque, de Lacenne, sénéchaussée d'Agenais; de Valende en Agenais, de Brimont en Bruilhois, de Tulle en Lectourois, etc.; famille originaire de l'Armagnac, établie en Agenais dès le XVIᵉ siècle(2). La terre de Brimont, sise en Bruilhois, près de Laplume, fut apportée aux De Las par Demoiselle Claude de Vergès, qui épousa en 1563 noble Caprasy De Las, et qui lui donna quatre enfants: 1ᵉ Etienne, qui continua la branche aînée; 2ᵉ Alain, qui devint le chef de la branche cadette des De Las de Brimont; 3º Jeanne, qui épousa Pierre de Carmentran, seigneur d'Espalais; 4ᵉ Nicole.

2º Alain De Las, écuyer, seigneur de Brimont

---

(2) C'est grâce au travail si complet et inédit de Madame la comtesse Marie de Raymond sur les De Las, que nous pouvons donner ici, sur la famille de Brimont, ces notes généalogiques.

et consul d'Agen en 1610, épousa le 25 juin 1601, *Demoiselle Suzanne de Nort*, fille de Messire Antoine de Nort, sieur de Lamothe, conseiller du roy, président et juge-mage en la sénéchaussée d'Agenois, et de demoiselle Françoise de Chazottes. Mariée à l'âge de vingt ans, le 25 juin 1601, Suzanne de Nort devait avoir en 1605 environ vingt-quatre ans. Elle était en outre sœur de *Jules de Nort* que nous allons retrouver à la fin sous le nom d'Hylas. C'est donc cette Madame de Brimont qui parut sous le nom de Philis.

De son mariage avec Alain de Las elle eut six enfants : 1° Etienne De Las, marié en 1634 avec Noble Françoise de la Goutte de la Poujade, et consul d'Agen en 1624; 2° Caprasy, marié le 18 avril 1655 avec Jeanne de Montesquiou-Saintrailles, et consul d'Agen en 1665; 3° Antoine; 4° Joseph; 5° Catherine; 6° Marguerite.

Le nom de Brimont s'est éteint, il y a peu de temps, à Agen, en 1864, en la personne de Dame Marthe-Hélène-Gabrielle d'Arblade, mariée en 1809 à Claude Philibert De Las de Brimont, et mère de Mesdames Marie-Augustine de Brondeau et de Louise-Claudine d'Arblade de Séailles. La terre de Brimont appartient encore aujourd'hui à sa petite-fille, Madame la comtesse Henri de Galard-Béarn, née d'Arblade de Séailles.

3. MADAME DE TEYRAC.

—

Au commencement du dix-septième siècle, la terre de Teyrac, près de Puymirol, que devaient posséder plus tard les Lespès de Loustelnau, appartenait encore à la famille de Sorbier, famille très ancienne, originaire de Touraine et dont plusieurs branches s'implantèrent en Agenais. Les Sorbier étaient seigneurs de Fontenilles et de la Tourasse, vicomtes de Teyrac, co-seigneurs du Plessis de Montflanquin, etc.(3). Le 5 septembre 1547, Antoine de Sorbier, vicomte de Teyrac et de Fontenilles, épousa en premières noces Marguerite du Pred, dame de Provence et de Pré, dont il eut deux fils; et le 17 décembre 1556, en secondes noces, Charlotte de Carbonnières, fille de Charles de Carbonnières et de Marie de Fumel, dont il eut également deux enfants. Les deux fils du premier lit furent 1° Jean; 2° Jean-Jacques, dont nous ignorons la destinée.

1° Jean de Sorbier de Teyrac, né en 1549, épousa vers 1575 Catherine de Balzac de Saint-Paul. Il en eut un fils, Guy de Sorbier de Teyrac, qui devint le chef de la branche de Teyrac, et

---

(3) Voir le *Nobiliaire Universel* de M. de Magny, tome II, p. 33.

dont la petite-fille Suzanne de Teyrac, née vers
1640 et fille de Jean-Jacques de Teyrac et de
Catherine de Manas de Lamezan, porta, en se ma-
riant avec Jean-Antoine de Lespès de Loustelnau,
vers 1660, les seigneuries de Teyrac et de Fontenilles dans la famille de Lespès. Guy de Sorbier
avait épousé, dans les premières années du dix-
septième siècle, *Noble Catherine de Vassal*, qui
pourrait bien être la Doris en question.

Cependant nous voyons que de son second mariage avec Charlotte de Carbonnières, le 17 décembre 1556, Antoine de Sorbier avait eu deux
enfants : 1° Benjamin, et 2° Isabelle de Teyrac,
mariée en 1610 avec Jean de Foulongues. Or,
Benjamin de Sorbier, seigneur de Teyrac et de
la Tourasse, co-seigneur du Plessis et de la Ca-
pelle-Biron qu'il céda plus tard à son oncle Charles
de Carbonnières, épousa le 14 janvier 1595, *Angélique de Galard-Terraube*, fille de Jean de
Galard et de Diane de Lusignan, et sœur de
Diane de Galard qui épousa Octavien du Bouzet
de Roquepine, seigneur de Ligardes. En suppo-
sant qu'elle ait eu dix-huit ans lors de son mariage,
cette Madame de Teyrac aurait eu vingt-huit ans
en 1605. De plus, elle se trouve avoir précisément
pour beau-frère un Du Bouzet dont le nom est
déjà deux fois cité dans ce ballet. Enfin, dans les
vers qui lui sont attribués, on la fait se plaindre
« d'être deux ans sans son berger », ce qui dénote

à cette époque l'absence de son mari, absence
d'autant plus probable que Benjamin de Teyrac
passa presque toute sa vie dans les camps, ayant
d'abord servi dans les armées protestantes, mais
refusant plus tard loyalement de s'insurger contre
son Roi Louis XIII. Celui-ci l'en récompensa
en le nommant le 1er septembre 1621, capitaine
sous les murs de Montauban. Ces raisons multi-
ples nous portent donc à croire que c'est Angélique de Galard-Terraube, plutôt que Catherine
de Vassal, toutes deux d'ailleurs jeunes et dames
de Teyrac, dont il est ici question.

Benjamin de Sorbier de Teyrac eut trois enfants: 1° Christine, mariée à Jean de Noailles,
seigneur du Bosc; 2° Charles, marié le 11 décembre 1629 avec Simone de Vivant; 3° enfin,
Jean, qui épousa le 14 mai 1653 Anne de Lézir
de Salvezon et qui est l'auteur de la branche exis-
tante des Sorbier de La Tourasse.

---

4. MADEMOISELLE DE LANDAS.

Cette charmante et gracieuse Amarillis « au
teint de rose » devait être l'une des deux filles de
Jean de Landas et de Louise Douzon, *Marthe* ou
Marguerite. La famille de Landas, aujourd'hui

éteinte, était une des familles les plus considérées d'Agen, où elle habitait dès le XVIe siècle. Nous trouvons en effet un Jean de Landas, avocat au Parlement, jurat d'Agen en 1589, et, comme tel, adhérent à la Sainte-Union, puis successivement consul en 1585, en 1594, en 1598, en 1602 et enfin premier Consul en 1609 (4). Ce Jean de Landas se maria deux fois. De son premier mariage avec Louise Douzon il eut deux filles :

1° *Marthe*, née vers 1585, épouse Géraud Verduc avocat, et le 8 février 1629 termine ses différents avec sa belle-mère Françoise de Codoing. Veuve de Géraud Verduc, elle fait donation en faveur de son fils Joseph de Verduc d'un titre religieux de 1500 livres, le 14 février 1662 (5). En 1605, Marthe de Landas devait avoir vingt ans.

2° *Marguerite*, née en 1590, épouse le 28 janvier 1610 Julien d'Asques, seigneur de Lassalle-Gounod, dont elle eut un fils, Isaac d'Asques, marié le 8 février 1643 avec Suzanne de Boudon. En 1605, Marguerite de Landas devait avoir de quinze à seize ans.

---

(4) Chronique manufcrite des Meffieurs Malebayffe.

(5) Il n'exifte pas de généalogie des Landas. Ces notes proviennent des documents de Madame la comteffe M. de Raymond.

De son second mariage avec Françoise de Codoing, Jean de Landas eut deux enfants : 1° Jeanne
et 2° Isaac de Landas, sieur de Touton, qui épousa
le 6 août 1626 demoiselle Toinette de Lespès
de Loustelnau, fille de Jean de Lespès et de
Blanche d'Amblard de Malbès. Ils eurent plusieurs enfants.

5. MONSIEUR D'AUBIAC.

—

C'est à l'occasion de ce d'Aubiac, dont le nom
s'est trouvé par hasard sous la plume de Monsieur
de Saint-Amans, que l'auteur de l'*Histoire du Département de Lot-et-Garonne*, reproduit les vers de
ce ballet. C'est également celui de tous ces personnages que nous avons eu le plus de peine à
découvrir. Le lecteur en jugera par lui-même.

La terre d'Aubiac, qui faisait partie de la Vi-
comté de Bruilhois, appartenait, dès le xiie siècle,
à l'illustre maison de Galard (6). Vers le commen-

—

(6) Voir la *Généalogie de la Maison de Galard*, par
J. Noulens, (4 grands et beaux volumes in-4°, qui ne font
pas dans le commerce.) — Voir également les *Documents*

cement du xvɪ^e siècle, elle passa, par le mariage d'Anne de Galard, dame d'Aubiac et de Beaulens, avec Gabriel de Lart, seigneur de Birac, Durance, Samazan, Montpouillan, dans la famille des De Lart, qui ajoutèrent à leur nom, en le relevant, celui de Galard. Leur fils, Antoine de Lart de Galard, seigneur d'Aubiac, de Birac et de Beaulens, épousa, le 14 juin 1534, Renée de Coustin de Bourzolles, dont il eut six enfants : 1° Joseph de Lart qui continua la race ; 2° Jean, dit Aubiac ; 3° Gabrielle, qui épousa, en premières noces, le 2 août 1559, Charles de Bazon, et plus tard, en secondes noces, François de Soubiran ; 4° Madeleine, plus connue sous le nom de Mademoiselle d'Aubiac, dame d'honneur de la reine Marguerite de Valois, qu'elle accompagna d'abord à Carlat, puis à Ivoy, et qui se retira, en quittant cette princesse, à Saint-Vitour, avec cent écus qu'elle lui donna ; 5° et enfin Catherine, qui épousa Monsieur de Montpeyran. Occupons-nous seulement des deux premiers et tout d'abord du second des fils d'Antoine, c'est-à-dire de Jean, dit Aubiac.

---

si intéressants que M. le docteur Jules de Bourrousse de Laffore a publiés récemment dans la *Revue de l'Agenais* (janvier et février 1879) sur les *Monuments féodaux et religieux de l'ancien Bruilhois.*

Cet Aubiac joua un rôle assez important dans
les folles équipées de la première femme
d'Henri IV. Il entra à son service en qualité d'é-
cuyer ou seulement de valet de chambre, en 1585,
lorsque cette princesse vint, pendant six mois,
habiter Agen; et, malgré sa laideur repoussante
et sa face rougeaude, (il était, dit-on, l'homme le
plus laid de son temps), il eut le triste honneur de
pouvoir être compté parmi les nombreux amants
de cette princesse. Il la suivit à Carlat, puis à
Ivoy. C'est là, qu'après de nombreuses péripéties,
il fut, malgré son déguisement, surpris par le
marquis de Canillac, à qui Henri III avait donné
mission de poursuivre sa sœur, et pendu par son
ordre à Aigueperse, « où, au lieu de se souvenir
de son âme et de son salut, il baisait un manchon
de velous raz bleu, qui lui restait des bienfaits de
sa Dame. » Au dire de tous les chroniqueurs du
temps, Marguerite, qui n'avait pu avoir d'enfants
de son mariage avec Henri de Navarre, eut un fils
naturel de son commerce avec d'Aubiac. Malgré
le peu d'importance que nous attachons aux as-
sertions si méchantes et si souvent fausses du *Divorce Satyrique*, pamphlet dont il faut absolument
se méfier, nous croyons que pour cette fois, son
auteur ne s'écarte guère de la vérité, quand, à
propos de ce fils naturel de Marguerite, il nous
dit que la mère de d'Aubiac (sans doute Renée de
Bourzolles), « porta ce jeune prince, nouveau

Lisandre, mal emmailloté, en nourrice au *village d'Escoubiac* (7), là auprès si fraîchement né, que néanmoins pour le froid enduré du long chemin, il en demeura pour toujours privé de l'ouïe et de la parole, et, pour ces imperfections, abandonné de l'amour et du soin de sa propre mère, qui, ayant oublié les plaisirs de la conception, a longtemps permis qu'il ait gardé les oisons en Gascogne, où Mademoiselle d'Aubiac, son ayeule (8), l'a (tant qu'elle a vécu), préservé de mourir de faim, et depuis elle Gésilax de Fimarcon (9), son beau-fils, qui montre encore aujourd'hui, par grande rareté, ce gage de la couronne à ceux qui le vont voir à Birac (10), où il l'entretient, moiennant vingt écus (11) de pension que Goute-Raquette (ou Gantes-Raignettes), lui va depuis quelque temps chercher à Usson et à Paris. »

Bien qu'il fut sourd-muet, comme le dit le

(7) L'auteur veut dire sans doute au village d'*Aubiac*.

(8) Renée de Couſtin de Bourzolles, ſa grand'mère paternelle; ou peut-être Marie de Noailles, ſa tante, belle-mère d'Agéſilas de Narbonne; ou encore une de ſes tantes, Gabrielle, Madeleine ou Catherine, toutes trois demoiſelles d'Aubiac.

(9) Agéſilas de Narbonne de Fimarcon.

(10) Dans une autre édition du *Divorce*, nous liſons : *Nérac*.

(11) Dans la même édition, nous liſons « deux cens écus. »

Divorce satyrique, nous croyons que le d'Aubiac
du ballet fut ce pauvre prince, enfant naturel de
la reine Marguérite. Né en 1587, puisque son
père fut pendu à Aigueperse en 1586 et que ce
fut à Ivoy que Marguerite accoucha, il devait
avoir environ dix-huit ans en 1605. Retiré en
Gascogne, sans doute à charge à ses nouveaux
parents les Narbonne, condamné dès les débuts, comme l'assure la tradition, à garder les
pourceaux et les oisons, mais plus tard admis
peut-être, par un revirement bien naturel de l'o-
pinion publique en sa faveur, à reprendre, grâce
à sa naissance royale, son rang au milieu des
membres de sa famille comme au sein de la haute
société, il semble assez naïvement et très vraisem-
blablement résumer d'abord ses titres, puis ses
malheurs, dans le quatrain que l'on débita pour
lui lors de son entrée :   .

> « *Je suis blondin, jeune, bien né ;*
> « *J'ai tous les sentiments qu'ont les plus belles âmes ;*
> « *Et j'ai quitté pour vous, Mesdames,*
> « *La garde d'un troupeau que l'on m'avait donné : »*

allusion évidente aux tristes fonctions de ses
jeunes années. Tout nous porte donc à croire
que le Lisis du ballet n'est autre que le fils naturel de Jean de Lard, qui, ainsi que son père, fut

surnommé *Monsieur d'Aubiac*. Il n'existait, du reste, et ceci est la raison la plus concluante, en 1605, aucun membre des de Lart de Galard, seigneur d'Aubiac, assez jeune pour pouvoir figurer à ce ballet.

Nous venons de voir, en effet, que Jean, dit Aubiac, fut pendu en 1586. Quant à son frère aîné Joseph, seigneur d'Aubiac et de Birac, né vers 1535, il épousa, le 21 février 1572, Marie de Noailles, fille du célèbre gouverneur de Bordeaux, Antoine de Noailles (12), dont il n'eut que des filles ; ce qui éteignit en sa personne le nom et la branche des De Lart de Galard. Ces quatre filles furent : 1º Henri-Renée ; 2º Marthe de Lart de Galard qui épousa, le 11 décembre 1600, Jean Du Bouzet, seigneur de Marin, alliance que nous venons de constater en nous occupant de Mademoiselle de Marin, et qui établit un nouveau lien de parenté entre tous ces personnages ; 3º Françoise ; 4º Isabeau.

1º Héritière de tous les biens des De Lart de Galard, et notamment de la terre d'Aubiac, Henri-Renée les apporta dans la famille de Narbonne, en épousant, le 5 juin 1596, Agésilas

---

(12) Voir la remarquable étude de M. Ph. Tamizey de Larroque, sur *Antoine de Noailles à Bordeaux, d'après des documents inédits*. — Bordeaux, Ch. Lefèvre, 1873.

de Narbonne-Lara, troisième fils de Bernard de Narbonne, seigneur de Fimarçon et baron de Taleyrand et de Françoise de Bruyère-Chalabre. Elle testa, le 28 décembre 1630, au château d'Aubiac, laissant de son mariage avec Agésilas de Narbonne, qui mourut en 1633, neuf enfants : 1° Pierre, seigneur de Birac et d'Aubiac, qui épousa sa cousine Claire de Narbonne-Clermont et qui mourut en 1697; 2° Jean-Charles, seigneur de Réaup, marié en 1632 avec Jeanne de Touges de Noaillan, qui lui apporta la seigneurie de Réaup, et lieutenant de la compagnie de M. de Tilladet aux gardes; 3° Jean, prieur de Saint-Caprais d'Agen; 4° Gilles-François; 5° N., chevalier de Malte; 6° Marguerite, mariée en 1620 avec Jean-Bernard de Biran, seigneur de Gohas, qui testa à Condom en 1625 et à qui le poëte condomois Caillavet adressa un si joli sonnet; 7° Catherine, qui épousa Hercule de Batz; 8° Marthe, mariée en 1619 avec Raymond de Montlezun; 9° Brandelise. Seuls, ces enfants de Renée de Lart et d'Agésilas de Narbonne auraient pu prendre le nom de d'Aubiac, que leur apportait leur mère; mais son mariage n'ayant eu lieu que le 5 juin 1596, l'aîné, en 1605, n'aurait eu que huit ans; ce qui est inadmissible.

La terre et le château d'Aubiac ont appartenu, jusqu'au commencement de ce siècle, à la famille de Narbonne-Lara. Fille de Louis de Narbonne et de Marie de Montholon, Adélaïde de Narbonne, comtesse de Rambuteau, les vendit, en 1810, à M. Géraud Dumon. Un de ses petits-fils, M. Géraud Dumon les possède encore aujourd'hui.

---

6. MONSIEUR DE SAMAZAN.

—

Il nous est impossible de préciser quel fut le personnage qui remplit ce rôle de Damon. Tout ce que nous pouvons dire, c'est qu'il existe dans le canton du Mas-d'Agenais, arrondissement de Marmande, une terre de Samazan (13), assez importante pour former aujourd'hui une commune, et qui appartenait de longue date, toujours avant 1513, aux De Lard, ainsi que nous l'avons vu dans le chapitre précédent. En venant habiter le château d'Aubiac, en Bruilhois, ils donnèrent probablement ce nom de Samazan à une terre qui est encore de nos jours ainsi dénommée dans la pro-

---

(13) Il existe également plusieurs terres de ce nom dans le département du Gers.

pre commune d'Aubiac. Une de ces deux terres
dut être l'apanage d'un membre de la famille des
De Lard, qui par suite en prit le nom. Ce Monsieur de Samazan doit donc être un De Lard, ou
peut-être, puisque nous n'en trouvons pas d'assez
jeune en 1605, le mari d'une des filles de Joseph
de Lart de Galard à qui on donna en dot la terre
de Samazan et qui en prit le titre : soit Agésilas
de Narbonne lui-même, seigneur d'Aubiac, qui
épousa Henri-Renée en 1596; soit Jean Du
Bouzet, seigneur de Marin, qui épousa Marthe
en 1600; soit l'époux inconnu, si toutefois elles
se marièrent, de Françoise ou d'Isabeau de Lart.
Ce Monsieur de Samazan était sans doute un
homme d'épée. Il semble, d'ailleurs, avoir habité
assez peu le pays, puisqu'il reconnaît lui - même
« qu'il lui faut quitter la garde des troupeaux,
pour veiller à celle du prince. »

7. MONSIEUR DE SAINTE-COLOMBE.

Ce fier Sylvandre, « sorti d'un si beau sang, »
ne peut être que *Jean du Bouzet*, écuyer, connu
spécialement sous le nom de *Monsieur de Sainte-*

Colombe, et fils de Michel du Bouzet et de Marguerite de Bezin. Nous avons vu en effet, au chapitre premier, que Michel du Bouzet, seigneur de Marin, Sainte-Colombe, La Montjoye, Bratz, le Mellan, Barbotan, Manleiche, le Pergain, etc., avait épousé en premières noces, le 10 août 1556, Madeleine de Faudoas, dont il eut un fils, Jean, chevalier, plus tard seigneur de Sainte-Colombe, qui dut naître vers 1558 et qui était trop âgé pour pouvoir figurer à notre ballet ; et, en secondes noces, le 4 décembre 1572, Marguerite de Bezin, dont il eut cinq enfants, et parmi eux, Jean, qui est notre héros. Jean du Bouzet, seigneur de Sainte-Colombe, dut naître en effet vers 1576 ou 1577. Il avait donc environ vingt-huit ans en 1605. En outre, il est le frère de la belle Sylvie, Mademoiselle de Marin. Enfin, il est le seul qui ait porté à cette époque le titre de seigneur de Sainte-Colombe, puisqu'il est dit expressément (14) que ce ne fut que le 24 mars 1610, que son demi-frère aîné, Jean, le chef de la famille, hérita du lot de son frère et du titre de seigneur de Sainte-Colombe. On ne trouve d'ailleurs de ce Monsieur de Sainte-Colombe, d'autre trace qu'une délégation de 10,000 livres,

_____

(14) Archives des Hautes-Pyrénées : Série EE.

établie sur ses biens au profit de son frère aîné, Charles, du 11 mai 1609 (15).

8. MONSIEUR DE NORT.

C'est le seul des huit personnages à qui Monsieur de Saint-Amans ait consacré la note suivante que nous reproduisons *in-extenso* : « Famille ancienne d'Agen, riche et fort considérée. Monsieur le Maréchal de Bassompierre, dans ses mémoires sur l'année 1621, parle d'un Lamothe de Nort. Leur maison d'Agen, rue Sainte-Anguille, est possédée de nos jours par Monsieur Guénin, négociant. On y voit des anciens planchers ou lambris dont les poutres étaient dorées. C'est ce qui m'a été assuré par Monsieur Darribeau La Cassaigne qui se rappelait de les avoir vus (16). Messieurs de Nort s'expatrièrent en 1685, lors de la révocation de l'Edit

(15) Archives des Hautes-Pyrénées : Série EE.

(16) Cette maison, qui est peut-être celle où fut donnée cette fête, est sise rue Porteneuve, au coin de cette rue et de la petite rue de la Grille; elle est actuellement possédée par Madame Bourzat, fille aînée de Monsieur Guenin. Les lambris dorés ont disparu depuis longtemps.

de Nantes et passèrent en Angleterre où leurs descendants jouissent de la plus haute considération. »

A cette note de M. de Saint-Amans, qui a bien son importance, nous ajouterons que la famille de Nort, famille de la haute bourgeoisie agenaise, joua pendant longtemps, notamment dans les élections consulaires, un rôle des plus considérables pendant tout le xvi⁰ siècle. C'est ainsi que nous trouvons un Martial de Nort, bourgeois et marchand, consul d'Agen en 1521, 1532, 1542, 1557, 1559, 1563 et 1564; puis un Etienne de Nort, également consul d'Agen en 1581 et 1586; enfin Pierre de Nort, bourgeois et marchand, d'après Monluc fils de Martial de Nort, et appelé par lui Monsieur de Naux (17), également consul d'Agen en 1569, 1579 et en 1584 (18). Ce Pierre de Nort qui signa, avec une notable partie des habitants d'Agen, l'Edit d'Union en faveur de la Ligue, et qui, croyons-nous, fut tué le 5 janvier 1591, lors de la prise de cette ville par les troupes royales, eut trois enfants :

(17) La terre et le manoir de Naux, dont il reste encore une tour et quelques pans de vieilles murailles, sont situés près d'Agen, dans le vallon qui est parallèle au vallon de Vérone.

(18) Chronique manuscrite des Messieurs Malebayffe.

1º Antoine; 2º François, prieur de Virazeil; 3º Jules, sieur de Miramont et plus tard chanoine (19).

1º Antoine de Nort, seigneur de la Mothe, conseiller du Roi et juge-mage d'Agen le 26 décembre 1583, prête, en cette qualité, serment le 12 janvier 1584, et teste le 31 août 1582. Il avait épousé, le 2 décembre 1574, Demoiselle Françoise de Chazottes, dont il eut trois enfants : 1º *Jules*; 2º *Suzanne* qui épousa, le 25 juin 1601, Alain De Las de Brimont et qui est la Philis dont nous avons déjà parlé; 3º enfin, Gabrielle, mariée le 14 mai 1598 avec Jehan de Godailh d'Arasse.

1º Ce fut *Jules de Nort*, né en 1576, âgé par conséquent en 1605 d'environ vingt-neuf à trente ans, et de plus frère de Madame de Brimont, qui remplit dans le ballet le rôle d'Hylas. Plus tard procureur général, puis conseiller d'Etat en 1616, il acheta, le 14 octobre 1626, la maison de Castre (20) pour la somme de 10,000 francs. Il

---

(19) Notes généalogiques inédites de Madame la comtesse M. de Raymond.

(20) Cette maison est l'ancienne maison de la famille *De Saint Gilis*, au coin de la rue Saint Gilis et de la rue des Prêtres. Elle a appartenu successivement de nos jours à Monsieur Auguste Barsalou, puis à Monsieur le docteur Louis Amblard qui l'a vendue récemment à Monsieur Guignard, négociant.

épousa Demoiselle Jeanne Le Berthon qui le
rendit père de plusieurs enfants, notamment de
Jules de Nort, baron de Savignac, enseigne-co-
lonel, qui se distingua dans le métier des armes,
et d'Antoine de Nort, chevalier, conseiller du
Roy et avocat-général au bureau des finances de
la généralité de Guyenne. Depuis longtemps déjà
la famille de Nort n'habite plus Agen.

TABLE

DES NOMS DE PERSONNE.

H

Haydn, 24.
Henri III, 15, 16, 46.
Henri IV, 10, 13, 17, 18, 46.

I

Isabeau de Bavière, 14.

J

Jodelle, 15.
Joyeuse (duc de), 16.
Juvénal des Ursins, 14.

L

Labrunie, 9.
LANDAS (DE), 31, 42, 43, 44.
La Roche, 37.
LART (DE), 36, 45, 48, 49, 50, 51, 52.
LAS (DE), 38, 39, 56.
La Vallière (Mlle de), 22.
Le Berthon, 57.
Lespès (de) de Loustelnau, 40. 41, 44.

Lezir de Salvezon, 42.
Louis XII, 15.
Louis XIII, 18, 19, 23, 42.
Louis XIV, 10, 20.
Loze (de), 35.
Lusignan (de), 41.

M

Magny, (de), 40.
Mairet, 20.
Malebaysse, 43, 55.
Malherbe, 10.
Malvin (de), 37.
. Manas de Lamezan, 41,
Mancini (Hortse), 22.
Marais, 18.
Marguerite (La Reine), 8, 18, 36, 45, 46, 48.
MARIN (DE), 29, 35, 36, 37, 49, 52, 53.
Molière. 21.
Monlezun, 50.
Monluc, 55.
Montesquiou (de), 39.
Montholon (de), 51.
Montpeyran (de), 45.
Mozart, 24.

TABLE

DES NOMS DE LIEU.

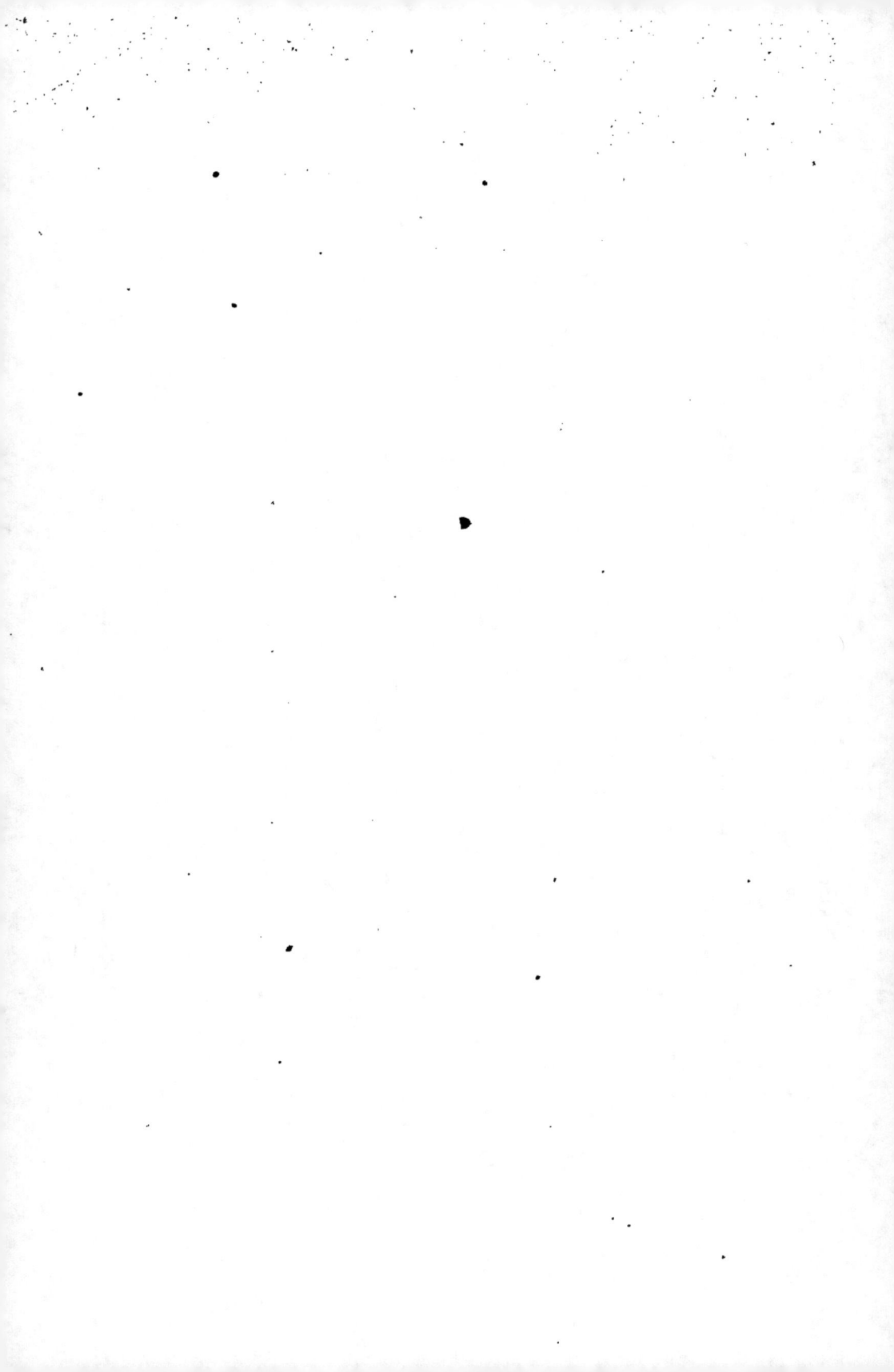

www.ingramcontent.com/pod-product-compliance
Lightning Source LLC
LaVergne TN
LVHW022017080426
835513LV00009B/767